Stephan Dettmeyer

Verworfne Blicke

Reimstücke & Schnapp(s)schüsse
1990 bis 2019

Impressum:

Bibliografische Information der Deutschen National-
bibliothek: Die Deutsche Nationalbibliothek ver-
zeichnet diese Publikation in der Deutschen Natio-
nalbibliografie; detaillierte bibliografische Daten sind
im Internet über dnb.dnb.de abrufbar.

© 2019 Stephan Albert / VTD /
eMail: albertus-books@gmx.de
Herstellung und Verlag:
BoD – Books on Demand, Norderstedt
ISBN: 9783749470785

Autor

...studierte Geophysik, Literatur und Philosophie / freiberuflich seit 1984 als Kolumnist, Fotograf, Kabarettist und Schriftsteller...

Selbstauskunft

Ich habe mich noch nicht entdeckt.
Wer weiß, was alles in mir steckt?
Heute dichte ich wie Brecht,
ziemlich wuterfüllt, bloß schlecht.

Sehr brutal und weltumspannend lästern -
Nietzsche war ich gestern.
Im Frühtau und bei Morgenröte
fühle ich mich oft wie Goethe.
(Reimen würde sich auch "blöde"!)

Mit Kästner, Tucho oder Schiller
werde ich zum Spießer-Killer.
Ringelnatz kommt oft geschlängelt,
wenn mich meine Spottlust drängelt.

Manchmal geht es auch husch husch -
und dann reime ich wie Busch.
In des Abends drüben Stunden
hab ich Hölderlin geschunden.

Wenn ich reichlich Wein vertilge,
dichte ich auch mal wie Rilke.

Und immer wenn ich traurig bin
kommt mir der Heine in den Sinn.
Ach, den möchte ich umarmen,

den Armen!

Und vor Mitleid mit uns beiden
dann ein Viertelstündchen leiden.

Inhaltsverzeichnis:

ICH

Foto: Dettmeyer

**Ob Versager oder Gockel -
stell Dich stets auf einen Sockel!**

Dein verworfner Blick

Ich hätte dich können...
doch ich traute mich nicht.
Du wolltst mit mir pennen...
ich ahnte das nicht.

Du warst mir gewogen...
für einen Moment.
Ich hab ungelogen
die Chance verpennt.

Eh ich ihn begriff,
den verworfenen Blick...
warst du auf dem Schiff...

und ich... blieb landabwärts zurück.

Neue Bauernregeln

Kommt der Sommer im April,
macht der Juli, was er will.

Blüht im Januar der Raps,
gibt es Ostern Pflaumenschnaps.

Kommt der Wind von den Hebriden,
kriegt der Bauer Hämorriden.

Kommt der Winter kalt und streng,
wird es auf den Straßen eng.
Der Winterdienst auf 's Klima baut -
und wartet, bis es wieder taut.

Kommt der Winter gar nicht mehr,
wird's für Schneemannbauer schwer,
doch die Mücken und die Zecken
können schon zu Weihnacht hecken.

Auch die ganze Vögelschar
vogelt schon im Januar.

Und der Igel, welch ein Wunder,
bleibt den ganzen Winter munter.

Im schönen Wonnemonat Mai
kommt Malaria vorbei.

Hagelschlag und Donnerwetter
haun die Amseln auf die Bretter.

Anderseits kann es passieren,
dass Krokodils im Nil erfrieren.

Niesen Eichhörnchen und Finken,
tun uns Wirbelstürme winken.

Brennt im August der Kiefernwald,
wird's bis November nicht mehr kalt.

Schmilzt am Nordpol alles Eis,
wird es auch in Grönland heiß.

Steigt das Meer ins Unnormale,
gibt's in der Elbe plötzlich Wale.

Und der Seemann der ist platt -
Chemnitz* wird 'ne Hafenstadt.

* Hier kann jeder beliebige Ort eingesetzt werden, der momentan
noch keinen Hafen hat.

Splitter Nr. 1

Warum wird man nicht beispielsweise
älter zwar, doch nur ganz leise -
so, wie ein Wurm den Weg sich bahnt;
so, dass niemand etwas ahnt?

Doch wie ein Säugling, der grad zahnt,
plärrt das Alter unentwegt und lallt:
Ich werde alt!

Reisewut

Die Leute tun so gerne unsre Welt bereisen -
schön weit und wo die Sonne knallt.
Die Bräune soll zuhause alln beweisen -
man war nicht bloß im Thüringer Wald.

Sie liegen dann am Strand am Pazifik,
bis dass die Haut wie Leder aussehn tut.
Und im Hotel - Beton und Glas mit Meeresblick -
gibts deutsche Küche - leidlich gut.

Die Leute tun so gerne um die Erde fliegen,
nach Malta, Rio, Finnland und Madrid.
Ein bisschen Müll bleibt überall von ihnen lie-
gen,
das Brett vorm Kopp, das bringse immer wieder
mit.

Nachruf einer leicht beschwipsten Neuwitwe

Ach, Manfred, nein - ich kann es einfach nicht
begreifen,
erst vorige Woche - was warst du wieder voll!
Und heute... - Trauerkranz und schwarze Schlei-
fen,
du da unten... die Musik - hick - leis in Moll....

Noch hör ich deutlich deine Worte
vom ständigen Kampf gegens innere Schwein -
du warst so ein Mann von der edelsten Sorte -
ein Faust! Und das bereits nach zwei Gläsern
Wein !
Was wolltest du alles noch tun - hick - und nun?

Du wolltest statt Autofahrn ab und zu laufen,
die Straßenbahn hättest du demnächst benutzt,
du wolltest nur noch quartalsweise saufen,
du hättest schon morgen dein Fahrrad geputzt.
Mit Monika wolltest du's nie wieder treiben,
um nicht deine Ehe mit mir zu zerstörn,
du wolltest mir treu wie ein Schäferhund blei-
ben
und sogar dem Rauchen abschwörn.
Was wolltest du alles noch tun - hick - und nun?

Du wolltest auf jeglichen Strom verzichten,
wenn der Atomkraftwerken entstammt.

Du warst für Mischwald, nicht immer nur Fich-
ten,
du hättest den Raubbau am Urwald verdammt.
Ja, dir lag kulturvolles Leben am Busen -
du liebtest Theater, du wolltest mal hin...
und öfters ein Buch...und die anderen Musen...
nicht dauernd die Glotze bei Bier und mit Gin.
Was wolltest du alles noch tun - hick - und nun?

Du wolltest Vermarktung von Sex kritisieren,
du hättest geäußert - Porno sei schlecht.
Du hättest dich ganz ohne heimliches Zieren
bekannt zu Ordnung, Sitte und Ausländerrecht.
Du hättest schon bald dich mit andern verbrü-
dert,
sogar mit Chinesen und Schwarzen vom Nil.
Du hättest den Leuten, die wenig begütert,
gegeben von dem, was wir hatten zuviel.
Was wolltest du alles noch tun - hick - und nun?

Warum nur musste es grad dich erwischen?
Du nimmst so viel Pläne mit in dein Grab.
Ein Zufall kam deinem Wollen dazwischen,
nun liegst du im Dreck, das Schicksal brach den
Stab.

Nichts hast du so viel wie Wollen besessen,
in dir war nur Wolle...äh, Wille ...oh hick...

die Würmer werden dich nach und nach fressen
- ach, Manfred! - es bleibt dein Gewolle zurück.

Und wenn du als Engel kommst in den Him-
mel...
mit Flügeln und Harfe und weißem Gewand -
...das Fliegen war ja schon immer dein Fimmel!
- du fliegst dann dort rum wie ein Erdentrabant.

Dann wünsche ich dir nur ganz leise und sacht,
wenn du den Petrus im Himmelszelt siehst,
dass der dich - hick - Kraft seiner göttlichen
Macht,
mit kräftigem Tritt auf den Mond weiterschießt.
Das wollte ich selbst längst mal tun - hick - und
nun?

Ach, schaun sie mich nicht so vorwurfsvoll an -
er war nicht mein Hund - hick -,
der Manfred war bloß mein Mann!

Relativität

Der Letzte kann der erste sein
was gestern oben war, geht unter.
Doch manchmal mit ein bisschen Schwein,
da bleibt das Obere ganz munter

Der Goethe lässt den Faust bekennen:
Ich bin studiert und hoch gelahrt
doch letztlich, wenn auch hochbejahrt,
so dumm wie sieben Legehennen.

Ein andrer großer Philosoph,
gab als letzte Weisheit preis,
er wisse, dass er gar nichts weiß.
und wer zu wissen glaubt, sei doof.

Vorne, hinten, oben, unten -
keiner hat je rausgefunden,
wie man das bestimmen kann.
Es kommt stets auf den Standort an.

Alles ist nur relativ, was gerade scheint, wird
schiefer.
Und wer da glaubt kurz vor dem Grabe,
dass er den Stein der Weisen nun gefunden ha-
be,
der liegt demnächst dann doch nur relatiefer.

Mensch an sich

Der Darwin, Charles, hat damals festgestellt,
dass unsre Ahnen alles Affen waren.
Der Apfel selten weit vom Stamme fällt -
drum haben wir ganz tierische Gebaren.
Dem Menschen bloß, im Unterschied zum Affen,
das sagt uns die tagtägliche Erfahrung,
dem muss man einen Arbeitsplatz verschaffen.
Er hat auch deutlich weniger Behaarung.
Der Mensch an sich ist immer gleich -
ein schwacher Wille, und ringsum ein bisschen
Fleisch.

Der Menschenmann sieht aus wie Onkel Fritz,
das Weibchen mehr wie Ursel von der Leyen.
Doch abgesehn von diesem Unterschied,
sehn alle aus, als ob sie harmlos seien.
Der Mensch hat keine glatte Schuppenhaut,
er schwimmt auch so im Strom geschickt.
Er krümmt den Buckel - wie ein Dromedar -
erst bei Bedarf , wenn er den Chef erblickt.
Der Mensch an sich ist immer gleich
ein schwacher Wille und ringsum ein bisschen
Fleisch.

Den eignen Arsch, den hat der Mensch sehr gern
in schönen warmen weichen Sofakissen.
Er liebt Bequemlichkeit und Streit von fern.

Er wird schnell wild, muss er sein Bier vermis-
sen.
Was alles ihn nicht einfach fressen kann,
das wird von ihm gefressen und erschossen.
Nicht selten müssen daran glauben,
die eignen hochverehrten Artgenossen.
Der Mensch an sich ist immer gleich
ein schwacher Wille und ringsum ein bisschen...
Fett.

Moderne Frau

Um den Mann heranzulocken,
trugen Frauen bunte Socken,
färbten ihre Haar blond,
haben sich den Bauch gesonnt.

Und auch zu dem gleichen Zweck
hungerten sie Pfunde weg.
Die Kosmetik und die Mode
nutzten Frauen bis zum Tode.

In der Not - es konnt geschehn -
soff der Mann die Frau sich schön.
Heut geht Frau zur Chirurgie -
lässt sich liften bis zum Knie.

Trägt im Mund sie schon die Dritten
Silicon muss in die Titten!
Neue Linsen in die Augen!
Fett am Bauch lässt man absaugen.

Schlägt die Oberlippe Falten,
wird vom Hintern Haut gespalten
und nach oben transplantiert.
Ein Anus manche Stirne ziert.

Auch das weibliche Geschlecht
bastelt Frau sich gern zurecht.

Die Vagina neu designen,
macht sich gut bei breiten Beinen.

Hals und Ohren, Mund und Nase
kriegen völlig neue Maße.
Dass der Kopf auch harmoniert,
wird dann notfalls amputiert.

So kann jede Frau entscheiden
will sie schön sein oder leiden.

Manche Ente wird 'ne Queen
- es lebe hoch, die Medizin!

**Willst Du Deinen Mann erbosen,
schenk ihm neue Unterhosen!**

Mann mit Fuffzich

Liebes Geburtstagskind,

nun bist du also endlich fuffzich -
da fang die guten Jahre an!
Da regt man nicht mehr uff sich -
man weiß schon lange, was man kann.

Der Mann, wie Du, mit fuffzich,
was man an Dir ja sieht,
der ist nie stur und mufflich,
der hat ein sonniges Gemüt!

Der Mann an sich mit fuffzich,
der ist nicht mehr so wild.
Der muss auch in den Puff nich -
der zischt ein Bier und grillt.

Das Leben kommt mit fuffzich
erst richtig voll in Schwung.
Erliege nicht dem Suff nich,
dann bleibst du lange jung!

Prost!

Splitter Nr. 2

Mach mich nicht irre, bitte!
Ich finde wieder keinen Schlaf.
Ich rotiere um die eigne Mitte,
Steig hoch und lande wieder brav.

Na, ganz so brav vielleicht doch nicht.
Ich träume wild von deinen Schenkeln.
Doch Schlafen ist des Bürgers Pflicht…
Und morgen fahrn wir zu den Enkeln.

Rad der Zeit

Das alte Jahr ist wieder rum
und mancher guckt jetzt bisschen dumm -
wieso ist das so schnell vergangen?
Es hat doch grad erst angefangen!

Es ist zum Piepen mit der Zeit,
sie läuft davon - du kommst nicht weit!
Du stehst noch immer auf der Stelle -
im Boden ist schon eine Delle.

Nur dein Bauch - so ungefähr -,
der wiegt jetzt zwei drei Kilos mehr.
Die Leber zuckt, die Galle zwackt,
du zeigst dich lieber nicht mehr nackt.

Beim Zahnarzt ist es nun sehr schön,
du kannst einstweilen Bummeln gehn.
 Der kann nach Lust und Laune bohren -
du bleibst dabei ganz ungeschoren.

Doch Achtung - nicht zu viel spazieren!
Sonst wird die Hüfte rebellieren.
Die Haare sprießen voller Lust,
ob in der Nase... auf der Brust...
bloß auf dem Kopf, da ist es Ebbe -
statt Lockenpracht ist höchstens Steppe.

Die Augen brauchen eine Brille.
Die Frau verzichtet auf die Pille.
Sie fühlt sich deshalb auch nicht banger -
von Fernsehn wird ja niemand schwanger!

Ein echter Zuwachs - sehr zum Wohl -
die Siege übern Alkohol.
Der wird gnadenlos vernichtet!
Bouletten werden hingerichtet!
Beruflich will man dir beweisen,
du bist längst ein altes Eisen.
Der Teufel schmückt schon deine Wand -
er nähert sich - als Ruhestand.

Warum vergeht nicht mal ein Jahr,
wo alles blieb, wies vorher war?
Du wirst vom Rad der Zeit geschunden
- ach, gäb 's doch auch mal Rückwärtsrunden!

Splitter Nr. 3

Schön wäre es im Leben eben,
würde es den Tod nicht geben.

Freilich

Was soll ich denn bitte nur machen -
ich weiß, ich bin ein Genie!
Die Leute wollen nur lachen,
begreifen wollen sie nie.

Sie klatschen begeistert die Schenkel,
sie fassen Apollon ans Knie.
Sie sind die verblödeten Enkel
des 'homo sapiens' - dem Vieh.

Ich hab keine Chance im Heute,
wo Dummheit Quote zu machen versteht.
Man redet zum Munde der Leute...
und reich wird, wer auf Strichen geht.

Du musst dich freilich prostituieren,
denn schließlich bist du ja frei.
Willst du stattdessen kapitulieren,
dann ist das der Freiheit auch einerlei.

Abgesang

Eigentlich ist es beschlossene Sache,
dass ich -
bevor ich mühsam den üblichen Abgang mache
- mich gleich selber ins Jenseits beförder!
Ich, als mein eigener Mörder!

So ist die Sache längst schon beschlossen.
Hoch das Glas! Sauft aus, Genossen!

Ja, ich mein eigener Herr übern Tod!

Der Herr übers Leben?
Ja, wer eigentlich war der Idiot?
Wer hat mein Leben gesteuert?
Würd ich ihn kennen, ich hätte ihn lang schon
gefeuert...
mit Pauken und Trompeten gejagt,
gescheucht aus meinen Gefilden.
Wenn viele neidvoll auch schielten
(ich wurde sehr häufig gekürt und bekränzt),
ich habe mein Leben letztlich verschwänzt.

Ich bin oft einfach nicht hingegangen,
wo die reifen Früchte prangen.

Mit mir war selten gut Kirschen essen.
Ich hätt mit der Faust gern in eure Fressen...

Wer fühlt sich jetzt schon angesprochen?

Du Helmut? Du Susi? Du Jochen?

Ich meine euch alle im Haufen!
Noch einen Moment will ich schnaufen,
dann schlag ich tot…euch alle…

Es sei, dass ich mich selber als ersten kralle.

Hier? Äh, da… wo wollte ich nicht hin?

Erwartet werde ich schon lange nicht mehr
Nicht von euch,
auch nicht von den andern.
Lasst mich wandern,
mich Einzelgänger… mich erbärmlichen Wolf…
Warum spiel ich nicht Golf?
Das wäre doch was für mich als Gewinn -
für mich, der ich ein Toter bin…
doch immer noch lebe…
…schwebe…

Splitter Nr. 4

Am Mast weht die Fahne,
am Ast wächst das Laub.
Am Kopf sind die Ohren,
denn sonst wärst du taub.

Ob im Leben, ob im Tode -
nackt ist stets die beste Mode!

Schaukel

meiner Mutter zum 80. Geburtstag

Auf der Schaukel ist gut schaukeln,
leicht sich etwas vorzugaukeln -
rings die Welt gerät ins Schwanken,
das beflügelt die Gedanken.

Gib dir einen kleinen Stoß,
setz dich drauf und schaukle los.
Schaukle dich ein großes Stück
in die Jugendzeit zurück.

Sei noch einmal voller Schwung,
bade in Erinnerung -
spür nochmal den ersten Kuss,
schwimme nochmal durch den Fluss,

klettre nochmal auf den Baum,
pflück dir deinen Lebenstraum,
beiß hinein mit festem Biss
und sei dir dabei gewiss -

es kam alles wie es kam!
Keine Reue, keine Scham -
nichts kann sich je wiederholen,
was man stahl, das bleibt gestohlen,

was man einte, bleibt geeint,
was man weinte, bleibt beweint,
was man siebte, bleibt versiebt.
was man liebte, bleibt geliebt.

Einmal oben, einmal unten,
gute und auch bittre Stunden -
schaukle hin und schaukle her,
wie als wenn`s erst gestern wär.
Das Heute rückt in graue Ferne.
Was da glitzert, das sind Sterne -
Glücksmomente, Schicksalsschläge -
und die Schaukel schaukelt träge

zwischen Zufall, Glück und Zeit.
Und mit einer Leichtigkeit,
als wär die Welt für dich gemacht,
sinkt der Abend in die Nacht.

Dort der Mond, die helle Scheibe,
rückt mit Lächeln dir zuleibe,
und er schaukelt bisschen mit.
So bist du mit ihm zu dritt.

Du, dein Leben und der Mond,
und was dir im Herzen wohnt -
schaukelt fröhlich, lacht und gaukelt.
Glücklich, wer sich selbst verschaukelt.

Messias

Nimm die Hände aus den Taschen,
frei marschieren in das Land.
Himmel glänzt wie frisch gewaschen
bis zum Hügelrückenrand.

Kehr zurück mit wildem Wollen,
kraftvoll wirf dich an die Front!
Was schon andre hätten machen sollen…
doch sie haben's nicht gekonnt!

Die Welt, die wartet auf… - na, wen?
Sie wartet, denke ich, auf mich!
Da sage ich: Oh, danke schön!
Und ich geb den Stab gleich ab - an Dich!

Mach doch Du die große Wende,
schenk der Welt den neuen Drall!
Schwielen zieren dich am Ende…
Und es bleibt auf jeden Fall -

ich zieh den Hut!
Machs gut!

Splitter Nr. 5

Zum Kotzen! - es gibt keinen Gott!
Der Teufel mit den Engeln hurt!
Raum und Zeit… sinnloser Schrott…
der Urknall eine Steißgeburt!

Entfernung

Nein, ich weiß nicht, was ist los?
Klemmt die Seele, stockt das Herz?
Niemand sitzt auf meinem Schoß -
daher - sicher - kommt der Schmerz.

Gerne hätt ich jemand sitzen
auf dem Schoß vor meiner Brust.
Auch wenn Reime nicht viel nützen -
dann bestimmt hätt ich auch Lust.

Irgendwie bin ich zerrüttet,
irgendetwas nagt in mir.
Als wenn Asche mich verschüttet,
ich verbrenne neben dir.

Die Wahrheit ist - du liegst ja nur
zehn Zentimeter weit - wie tausend Werst!
Ich muss dringend mal zur Kur,
doch zu dir muss ich zuerst.

Aufstieg

Glücklich ist, wer es versteht
seinem Leben Sinn zu schenken;
wer die schweren Pfade geht,
ohne an den Schweiß zu denken!

Diesem Motto ganz verbunden
wandern sie am Morgen schon
Berge aufwärts, viele Stunden -
weite Aussicht ist der Lohn.

Und sie schauen dann von oben
auf die Menschen - winzig klein!
Und sie können es kaum glooben -
so winzig werden sie dann unten
selber wieder sein!

Senioren

Sie treten auf - geballt und in größeren Scharen
mit grauen und weißen und gar keinen Haaren.

Die Kleidung nicht vornehm, nicht konservativ -
eher doch bunt und gestreift - attraktiv!

Sie sind für ihr Alter so gottverdammt jung.
Sie halten sich aufrecht in Schwung und auf
Sprung.

Sie schleichen, sie schlurfen, sie humpeln, sie
hinken.
Sie sabbern bei Suppe und beim Kaffeetrinken.

Sie sind immer gottverdammt lustig und laut.
Sie werden in Bussen und riesigen Schiffen ver-
staut.

Sie werden gesellig von Ort zu Ort transportiert.
Jemand passt auf, dass man niemand verliert.
Sie werden betreut auf um die Erde gehetzt
und bald ist vor Ort jede Parkbank besetzt.

Man führt sie auch zu historischen Stätten.
Der Andrang ist groß, als wärn's Toiletten.

Sie waren schon in aller Welt, in Mexiko, auf
den Azoren.
Sie sind so gottverdammt mobile Senioren.

Sie legen mit Willkür den Endspurt hin -
erhobenen Hauptes, gesenktes Kinn.
Da wird schon zur letzten Runde geläutet.
Sie sehen ihr Ziel, das ihr Ende bedeutet.

Und immer noch sind sie so gottverdammt mun-
ter.
Ich bin etwas müde und doch mittendrunter.

Abwählreime

Wahl vorbei - juchhei, juchhei!
Schluss ist mit der Merkelei!

Wahl passè - ohweh, ohweh!
Urne schluckt die FDP!

Wahl vorbei - auwei, auwei!
Linke sind grad noch dabei!

Wahl geritzt - das Auge blitzt -
AfD - fest drinne sitzt!

Wahl vorbei - hauruck, hauruck!
Piraten - kalter Muggefuck!

Wahl vorbei - der Schnee von gestern!
Rote - zwei zerstrittne Schwestern!
Wahl vorbei - nanu, nanu!
Wer heiratet die CDU?

Jede Frau ist mächtig stolz,
auf große Füß und Schuh aus Holz!

Daten-Phishing

Die Amis lesen alles mit
mit ihren riesigen Computern.
Sie speichern jeden eMail-Kitt
von Leuten und von Ludern.

Das Internet wird so zum Netz
für Milliarden kleiner Fische.
An großen Fischen, grob geschätzt,
nur drei - nicht mehr ganz frische.

Enorm der Aufwand bei der Fischerei,
man speichert Netzmüll quasi.
Ersticken kann man leicht dabei -
es gab auch mal `ne Stasi!

Erkenntnis

Was andre Leute haben und besitzen,
tut dir selber gar nichts nützen!
Und es tut bei dir deswegen
auch kein Wohlgefalln erregen!
Nur ein bisschen Übelkeit.
Manche sagen dazu - Neid!

Nackedeier

FKK das ist - und war es früher schon! -
für viele ein Bedürfnis, wie die Sauferei.
Für andre ist es eine Religion -
denn nur ganz nackt ist Mensch auch frei.

Und deshalb jedes Jahr der gleiche Reigen:
In der Sauna überwintern, dann im Sommer -
Sonne satt!
Die freien Körper mögen und auch zeigen,
ganz ohne Scham und ohne ein textiles Feigen-
blatt.

Entblößer geiln sich auf an ihrer eignen Blöße.
Die Nackedeier sind aus Überzeugung nackt.
Sie zeigen lieber Pimmel oder Möse,
statt dass man die in kneifende Textilien packt.

Sie demonstrieren menschliche Natürlichkeit,
sie pfeifen auf die letzten Hüllen.
Sie kämpfen einzeln oder meist zu zweit,
um ihr Gelübde an der Strandfront zu erfüllen.

Sie liegen wie die Felsen in der Brandung,
sie zelebrieren Nacktsein als Fanal.
Fehlt eine streng markierte FKK-Umrandung -
sie nackedeien stolz - selbst in totaler Unterzahl.

Sie produziern sich mutig im Textil-Gewimmel,

verhöhnen stumm die Spießer - prüde und ver-
sumpft!
Die Nackemänner strotzen mit leicht ange-
schwollnem Pimmel,
der dann im kalten Wasser aber wieder etwas
schrumpft.

Die Nackefrauen, ganz besonders die ganz alten,
die Walter Ulbricht noch persönlich hat gekannt,
die präsentieren sich - samt ihren vaginalen
Spalten -
und wälzen sich brutal in Sonne und im Sand.

Beim Anziehn richten sie mit Sorgfalt ihre Slip-
einlage - Beine breit und leicht nach vorne,
Mädchen!
Eine hat wahrscheinlich noch die Tage,
denn man entdeckt ein Tampon-Rückhol-
Fädchen.

Die Haut der Nackedeier - schließlich zum Sai-
sonfinale -
ganz streifenfrei komplett gebräunt wie Leder.
Und unter dieser ausgedörrten harten Schale
der weiche Kern - der glaubenstreuen FKK-
Vertreter.

Der Affe wurde Mensch als er verstand,

zu laufen und sich dann intimer Blöße zu bede-
cken.
Am freien wilden Badestrand
kann man die anderen entdecken.

So mancher sich aus Überschwang
um Kopf und auch um Kragen sang!

Splitter Nr. 6

Ich schäume über, ich geh unter...
irgendwas treibt mich voran.
Früher las ich froh und munter,
was der Mensch doch schaffen kann.

Heute glaub ich allen Ernstes,
dass das Schaffen - sehr fatal -,
sich für des Menschen Allerfernstes
- für den Exitus - empfahl.

Superstar

Ich möchte so gern im Fernsehn sein,
dass mich dort alle sehn,
als Model oder Superstar
und immer wunderschön.

Bei Moik im Musikantenstadl,
oder auch bei Peep -
selbst die Männer aus dem Adel
hätten mich dann lieb.

Dieter Bohlen wär mein Pate
und bei Dieter Tomas Heck
wär ich in der Hitparade.
Gottschalk holt mich weg.

Porsche, Villa, Swimmingpool
live im Internet.
Und im Film - das wäre cool -
mit di Caprio ins Bett.

Oder mal für ein paar Wochen
in die Blindenstraße ziehn.
Ab und zu mit Bio kochen...
vielleicht werd ich Pornoqueen?

Auch das Wetter bei neun live,
das könnt ich moderiern.

Ich bin für das Fernsehn reif
mich tut nichts mehr geniern.

Ich mach Karriere, dass es raucht,
mit Kohle open end!
Ich hab fürs Fernsehn was man braucht -
null Komma null Talent!

Nachruf für
Marcel Reich-Ranicki

"Der Vorhang zu..." - nichts mehr ist offen!
Die Lebensuhr ist abgelaufen.
So mancher fragt sich jetzt betroffen:
Welche Bücher kann man kaufen?

Jeder Stuss wird doch `verbucht`
in Paperback, Hardcover oder Leinen.
Wer selektiert den Müll, wer sucht
im Abraum nach den Edelsteinen?

Er wühlte emsig wie die Regenwürmer
im Erdreich nach Literatur.
Er war ein Dränger und ein Stürmer -
er hatte Rückgrat und war herrlich stur!

Putin

Der Putin und sein Riesenreich -
die sind dem Westen nicht geheuer.
Ist Putin Zar und/oder Scheich?
Für Sport ist ihm nie was zu teuer.

Der Putin tickt, nicht erst seit heute,
anders, als die NATO es sich träumt.
Die Krim war eine leichte Beute -
der Putin lacht, die NATO schäumt.

Was bildet der sich denn nur ein?
Der Westen ist im Zorn vereint -
Putin ist das schwarze Schwein -
des Westens allerliebster Feind.

Den Medien tut das auch behagen -
die Menschenrechte sind nicht frei!
Und wenn wo Völker aufeinanderschlagen,
vielleicht ganz hinten, hinter der Türkei

Dann ist stets sofort sonnenklar,
dass alles Schuld von Putin war!

Denn wäre Putin ein Guter,
dann hieße er nicht Putin,
sondern Puter!

Zauber-Formel eins

Aus "pole position" in das Rennen,
volles Gas und vollen "speed".
Schon am Start ein bisschen pennen...
das ist dann das alte Lied -

du musst immer hinterher,
du siehst die andern nur von hinten.
Überholen, das ist schwer.
Siegeschancen langsam schwinden.

Doch dann kommt ein Boxenstop -
Räderwechsel in Sekunden.
Bei dir lief es wirklich topp -
und du führst die nächsten Runden.

Kannst im Sieg dich endlich sonnen.
Dir nur gelten Jubelchöre,
Du hast den großen Preis gewonnen -
doch eigentlich warn's die Monteure.

Sommerloch

Das Sommerloch, sie wissen noch,
das wird gefüllt mit Tieren -
ein Krokodil, was plötzlich kroch
im Stadtpark und auf allen Vieren.

Die Schnappschildkröte gab's in Sachsen,
in Bayern warn die Bären los.
Am Main bewegte seine Haxen
ein Stier, und der war ziemlich groß.

Auch Schlangen oder Hammerhaie
gehn stets im Sommerloch auf Pirsch.
Verwundert fragt sich nun der Laie:
 Wann flieht denn mal ein flotter Hirsch?

Oder ein Gorillakücken?
Ein Gummibär käm bombig an!
Zur Not tät es ein Dutzend Mücken,
die man zu Elefanten blähen kann.

Und wenn kein Tier sich diesmal fände,
dann bleibt der Presse immer noch - die Ente!

Splitter Nr. 7

Jegliches hat seine Zeit.
Jeglicher ist nicht gescheit.
Jegliche macht Beine breit.
Jeglicher erstickt am Neid.

Ich wär so gern nicht jeglich,
doch das ist schlicht unmeglich.

Schatten auf dem Weihnachtsfest

Jedes Jahr im kalten Winter
feiern Alte und auch Kinder
voll Besinnlichkeit das Fest,
welches alle ziemlich stresst,

doch auf das sich alle freuen.

Hinterher tut man bereuen -
weil man wieder zu viel schlemmte.
Überm Bauch da spannt das Hemde!

Dann gab's wieder die Geschenke.
Die verschwinden tief in Schränke,
weil die eigentlich nichts nützen -
Socken, Schlipse, Pudelmützen
hat man ja schon dutzendweise!
Das ganze Fest ist wirklich sch...ön.

Nur im Kern ist es obszön!

Schließlich gibt es Weihnacht nur,
weil aus der Bibel man erfuhr,
dass ein Kindlein ward geboren -
in Bethlehem mit kalten Ohren.
Es lag dort in der Futtergrippe.
Der Joseph beißt sich auf die Lippe.

Soll er toben, soll er schweichen?
Der Säugling tut ihm gar nicht gleichen!
Doch dann denkt er sich sehr schlau,

lass nur machen deine Frau!
Im Stall stand noch ein Eseltier.
Und auch Schafe - Stücker vier.

Die Maria froh und heiter
war noch Jungfrau und so weiter.

Doch wie wurde sie zur Mutter?
Alles ist in schönster Butter,
denn der Vater - sie erklärt -
was den Joseph auch mit ehrt,
sei der Herrgott höchst persönlich.
Da brummt Joseph dann versöhnlich
"Das Jesuskind, wie schön, ach Gottel!"

Joseph war ein alter Trottel,
aber froh, dass - muss er sterben -
er nun hatte einen Erben.

Der Joseph trug die Hörner stolz -
die warn ja göttlich, nicht aus Holz.
Ob er nun selbst der Papa war,
der liebe Gott, ob ein Barbar...
wichtig nur, das Kind gesund
tat das Zeugungswunder kund.

Auch drei Könige, die kamen,
glaubten das mit Gottes Samen,
trugen dann in alle Welt
die Nachricht, dass ein neuer Held,
der Heiland nun geboren sei.
Und so entstand die christliche Partei.
Heute CS- oder CDU.
Doch am Anfang stand ein Schmu.

Die Maria, jede Wette! -
lag mit irgendwem im Bette,
bloß niemals mit Gott, dem Herrn!
Gott hält sich von Weibern fern!

Der hatte seit der Schöpfung keine.
Nie kam er zwischen Frauenbeine.
Wer so was unserm Herrn andichtet,
der gehört gleich hingerichtet!

Gott - der mit Maria pennt?
Gott mit einem "one night stand"?!
- nein, das kann doch niemals sein!

Darum fällt trotz Kerzenschein
auf das Weihnachtsfest ein Schatten:

Wir feiern den Betrug am Gatten!

Foto:Dettmeyer

Auch ein dicker Schweinehintern friert leicht in kalten Wintern!

Splitter Nr. 8

Bleib liegen und beweg dich nicht.
Ich bleibe auch wie steifer Stoff.
Ich streichle dich im Dämmerlicht -
du ahnst, was ich erhoff.

Doch die Hoffnung stirbt sehr schnell -
ich kriege kalte Füße.
Du hast ein ziemlich dickes Fell.
Schlaf wohl und beste Grüße!

Bestrickend

Zwei rechts zwei links, zwei rechts zwei Links -
wir sind die echten stricking Kings.
Zwei links zwei rechts, zwei links zwei rechts -
und wir sind weiblichen Geschlechts.
Wir stricken, wir stricken.

Wir schwingen emsig unsre Nadeln
die Maschen sprudeln wie ein Quell
an unserm Fleiß gibts nichts zu tadeln,
und manchmal wird die Nacht schon hell.
Wir stricken, wir stricken.

Beim Stricken müssen wir kaum denken,
wir können dabei reden wie ein Bach.
Und die Gedanken können wir verrenken
und bleiben geistig fit und wach.
Wir stricken, wir stricken.
Längst eingestrickt sind unsre Kinder,
fürs Auto auch die Rolle Klopapier.
Wir freuen uns auf jeden Winter,
wenn jemand kalt ist, den bestricken wir.
Wir stricken, wir stricken.

Auch unsre Männer sehen aus wie Sofakissen.
Wir stricken alles, was nicht wegläuft, farbig ein.
Wir sind beim Tierschutz sehr beflissen.
Hunde, Katzen... - kürzlich mal ein Schwein!

Wir stricken, wir stricken

Zwei rechts zwei links, zwei rechts zwei Links -
wir sind die echten stricking Kings.
Zwei links zwei rechts, zwei links zwei rechts -
und wir sind weiblichen Geschlechts.

Wir klicken, und ticken beim Stricken...
Man kann ja nicht andauernd... singen.

Splitter Nr. 9

Eigentlich ist es längst Zeit,
um in mein Bett zu gehn.
Doch es tut mir wirklich leid -
ich muss kurz nach den Frauen sehn,
die im Internet sich tummeln -
jederzeit für mich bereit...
sich mit Wonne selbst befummeln...
und dabei die Beine breit,
bis weit in die Unendlichkeit...
seid bereit!
Immer bereit!

Alles wegen der Macht
(nach Otto Reuter "Alles wegn de Leut")

Wir sind gemacht auf der Welt
für die Macht!
Wir tun nur was uns nicht gefällt,
für die Macht!
Wir richten uns nie nach dem eigenen Magen,
stets fragen wir uns - was wird die Mehrheit
wohl sagen?
Wir gehn in die Kirche und zur Andacht -
alles wegen der Macht, für die Macht.

Wir geben Empfänge sehr fein
für die Macht!
Wir laden wichtige Leute uns ein
für die Macht!
Wir reden und scherzen mit Hinz und mit Kunz,
uns ist nicht zum Lachen, doch wir kringeln uns.
Wir haben seit Jahren nicht herzhaft gelacht -
alles wegen der Macht, für die Macht.

Eröffnung heut in der Kunstgalerie
für die Macht!
Morgen in die Philharmonie
für die Macht!
Wir schwärmen für Wagner und für Malerei,
gehn in die Oper und schlafen ein dabei.
Im Winter Solarium, im Sommer Luxusyacht -

alles wegen der Macht, für die Macht.
Wir laufen geschniegelt voll Stil
für die Macht!
Wir waschen die Westen in Persil
für die Macht!

Uns schmecken Bouletten für billiges Geld,
doch gehn wir aus, werden Austern bestellt!
Der Kellner kriegt Trinkgeld - fünf Euro... acht! -
alles wegen der Macht, für die Macht.
Wir heiraten Fraun schick und schön
für die Macht!
Ist eine nicht schön, muss sie gehn
für die Macht!
Wir putzen die Zähne und dieseln uns ein,
wir sind Mitglied auch im Schützen-Verein.
Für Welthungerhilfe wird ein Opfer gebracht -
alles wegen der Macht, für die Macht.

Wir treten nach vorn und zurück
für die Macht!
Und steigen wir auf, ist es Glück
für die Macht!
Wir drechseln an jeglichem schlauen Satz,
wir kämpfen um den vordersten Listenplatz.
Wir haben auch schon mal nach vorne gedacht -
im Schlaf in der Nacht, gute Nacht!

Suff

Es schreibt sich gut im leichten Suff,
der Alkohol ertränkt -
mit einem satten "Uff!" -
Gedanken, die man sonst so störend denkt.

Im Suff da blühen die Ideen,
schweifen frei und ungehemmt,
wie die nackten Zauberfeen.-
und sie tanzen vehement.

Und sie schwenken ihre Schleier,
diese gottverdammten Huren!
Und es wäre eine Feier,
als sie mich zum Friedhof fuhren.

Als ich enterte den Puff,
da war's dann schon ein schwerer Suff!

Splitter Nr. 10

Wellblechhütten haben keinen Kachelofen.
Auch ein Balkon wär ebenirdisch blöd.
Günstig wär, man könnte einen Kühlschrank
koofen,
der in der Hitze etwas kühlen töd.

Doch man kann sich in der Wüste
nicht alles kaufen, was man gerne will -
auch von Lenin eine Büste
wär so sinnlos, wie ein Grill.

Gottfried Überwuchs

Kennt ihr den Gottfried Überwuchs
erfüllt von Glut, und stets ein Fuchs,
der schon als Schüler immer sprach
das hohe Wort der Lehrer nach.

Er saß tagtäglich in seiner Bank
und war nur in den Ferien krank.
Sein Weg ins Leben war stets glatt,
weil er nie laut gezweifelt hat.

Es war in Neustadt an der Dosse
bei der Armee - da wurde er Genosse.
Dann das Studium kein Problem,
er wuchs und war nie unbequem.

Als Sekretär der FDJ
stand ihm der Doktorhut sehr flott.
Er kam voll jugendlichem Schwung
dann gleich in die Kreisleitung.

Beständig wuchs sein Bildungsniveau -
Marx in vier Bänden hatte er auf dem Klo.
Er schlang von links um den Hals sich den
Schlips,
in seinem Garten stand Lenin in Gips.

Fest stand er zur Sowjetunion - Towaritschi da-
wai!
Sa Druschba mir i Iwan Wodka Chleb i Tschai.
Und bald schon wurde er
in der Parteistadtleitung zweiter Sekretär.

Er ging tagtäglich mit Schöpferwut
an seine Schreibtisch und sprach: Ich bin gut!
Er galt im Bezirk als kommender Mann,
und peilte das nächsthöhre Sesselchen an.

Er glänzte bei Kandidatengewinnung,
mit Worten bewies er linke Gesinnung,
er betete heimlich zu Erich dem Frommen:
Vater unser, der du bist auf DDerden
lass mich immer röter werden!

Er hätte die Leiter nach oben erklommen...

doch weil die große Wende kam,
die ihm vor Schreck den Atem nahm,
da schmiss er sein Parteibuch hin,
und entdeckte in sich den christlichen Sinn.

Er hat nicht lange umgeschult,
und schnell die neuen Chefs umbuhlt,
die ihn äußerst nützlich fanden -
als Kenner in den neuen Landen!

Seither geht er mit Schöpferwut an seine
Schreibtisch
und spricht: Ich bin gut!
Er bildet sich ständig, er weiß was passiert,
denn Bild und Praline hat er fest abonniert.
Er schlingt sich von rechts um den Hals sich den
Schlips,
auf seinem Schreibtisch steht Jesus in Gips.
Fest steht er zur NATO und zur EU,
und er ist Mitglied in der CDU.
Er wurde einstimmig aufgenommen
und hat so die ersten Stufen erklommen.
Er gilt im Amt als der kommende Mann
und peilt schon das Ministerium an.

Und bald schon ist Gottfried ganz oben.
Lasst uns den Gottfried loben!

Foto: Dettmeyer

**Fußballmode für die Frau -
betont den schlanken Körperbau**

Splitter Nr. 11

Ob Arthrose oder schwache Blase…
gegen Impotenz und schlaffen Willen -
gegen Druck im Darm durch Gase -
gegen alles gibt es Pillen!

Erotik

Erotik - nein, das ist kein Trick -
da macht es es klick beim ersten Blick,
da steigt ein Wunsch nach einer Nacht,
aus der man nicht mehr heil erwacht.
Da zieht es dich ins Spannungsfeld
von Urinstinkt und Unterwelt.
Dein Herz schlägt 'Rhapsodie in Blue'-
Erotik schlägt verdeckt von hinten zu.

Erotik - ja, es war ein Tick! -
mein erster Schwarm war klein und dick.
Wir saßen in der gleichen Bank
und wenn sie fehlte, war ich krank.
Wir fuhrn zur Schule täglich Bus.
Und einmal gab sie mir 'nen Kuss -
es schnürte mir die Kehle zu!
Erotik hieß: Jaquline Bröselkuh.

Erotik - doch es ist ein Trick -
die Fraun entwickeln viel Geschick!
So manche plagt sich mit 'make up',
Frisur , Diät und Mode ab.
Die andre läuft fast 'FKK'
und kommt trotzdem dem Mann nicht nah.
Es reicht manchmal ein offner Schuh -
Erotik schlägt ganz hinterlistig zu.

Erotik, hat - schau ich zurück -
geblüht in unsrer Republik.
Die Liebe zur Sowjetunion
war Quelle der Inspiration.
Es stiegen stetig pro Quartal
die Höhepunkte ohne Zahl.
Und Miehlke gab es offen zu,
er liebte ohne Rast und Ruh.

Erotik ist ein dummer Tick,
der Mensch wird reif durch Politik!
Das was ihn früher tief bewegt -
ein Bein, ein Busen der sich regt -,
das lässt ihn heute ziemlich cool,
dafür wirds ihm im Herzen schwul,
schanzt man ihm einen Posten zu -
Erotik schenkt ihm seine CDU.

Erotik birgt auch Missgeschick -
schon mancher brach sich das Genick,
der - während er im Auto fuhr -
abkam von der rechten Spur,
nur weil am linken Straßenrand
ein unbekannter Körper stand.
Ob Fiat oder Daimler-Benz -
Erotik-Opfer gibts nicht nur im Lenz.

Erotik das ist wie Musik,
doch wann macht es bei Frauen klick?

Ich hab schon manches ausprobiert,
hab mich an Filmstars orientiert,
trieb Sport, trug Bart und war brutal,
dann zärtlich, softy und banal.
Ich balzte wie ein Kakadu -
Erotik ist bei mir - trotz Bauch! - tabu.

Splitter Nr. 12

Der Schnee der war in diesem Sommer rar,
so rar, wie er schon immer war
- im Sommer!
Die Hitze war in diesem Sommer krass,
so krass, dass alles trocken war bevor es wurde
nass
- ach, was?!
Die Menschen wurden alle braun.
Nur die, die blieben blass, die immer bleiben
blass.
Der Sommer brachte großen Durst,
der Mensch trank wie das Vieh.
Manche tranken um die Wurst -
hahaha!
- Gewinner war am Ende die
Wasserwirtschafts GmbH!

Allein

(nach Reinhard Lacomy "Heute bin ich allein")

Keine Onkel keine Tanten,
keinerlei von Anverwandten.
Keinen Bruder, keine Schwester,
keine Feier zu Silvester!
Zeugungsakt in der Retorte,
Spermien kommen als Importe.
Frauen werden dann geschont.
Kinder kontrolliert geklont.
Eigne Kinder - das ist fad,
erben kann doch auch der Staat!

Bald sind wir ganz allein
immer mehr wird das die Mode sein -
homo oder hetero
liegen unter dem Niveau -
Single ich, Single du!
Keine Grenzen, kein Tabu -
hemmungslos vom ich zum du!
Kinder sind ein Klotz am Bein,
schränken die Karriere ein!
Wie solln sich die Ehesklaven
optimal nach oben schlafen?
Manche Chefin wird verrückt,
wird sie erst nachmittags beglückt.

Frei zu sein... - Sonnenschein!

So als Single lebt es sich ganz fein.
Jeder pflegt den eignen Bauch
und was drunter bammelt auch -
Onanie - spät und früh!

Dildos, Kerzen, Vibratoren,
Nutten - überall geschoren -
gibt es doch im Überfluss!
Feste Partner sind ein Stuss!
Wir sind absolut flexibel,
lesen selten in der Bibel,
treiben meistens Nabelschau -
keine Sau braucht ne Frau!

Männerärsche, Frauenbrüste -
die Befriedung der Gelüste
findet nur noch Online statt.
Und pro Stunde gibts Rabatt.
Telekom und AOL -
es geht überall ganz schnell!
Geh Online, klick dich ein!
Komm ins Netz, sei ein Schwein!

Wir sind ganz ideal
für den Markt und für das Kapital.
Haben nirgends ein Zuhaus,
ziehen in die Welt hinaus -
gänzlich frei, vogelfrei!

Splitter Nr. 13

Waage, wieg nicht ewig die Sekunden,
wieg die Jahre, die ich hab gelebt!
In den Jahren habe ich gefunden,
dass in Sekunden sich ein Glück begräbt.

Busen und Blusen

Der Mann kann viele Hobbys haben,
Pilze sammeln, Autoputzen oder Suff.
Einer tut nach Bernsteinzimmern graben,
der andre sucht die Frauenzimmer gleich im
Puff.
Mancher spielt gern Räuber und Gendarm,
den andern macht sein Hobby arm.

    Als Mann freut man sich über Blusen
    wenn sich darunter wölbt ein Busen.
    Ist es ein großer, ist er klein -
    ein Mann wird sich daran erfreun.

Bei der Entwicklung auf den Rippen...
teilt Natur wie üblich ohne Regeln aus -
dort lässt sie reichlich runde Formen wippen
und da wird lediglich ein Vorgebirge draus.
Eine braucht BHs wie'n Zwei-Mann-Zelt,
die andre spart hier teures Geld.

    Als Mann freut man sich über Blusen
    wenn sich darunter wölbt ein Busen.
    Ist es ein großer, ist er klein -
    ein Mann wird dafür dankbar sein!

Manch Frau erfasst ein wildes Leiden,
manche möchte Männer formenreich verwirrn.

möchte auf die bunten Titelseiten,
doch außer Busen fehlt ihr auch ein bisschen
Hirn.
Doch für Köpfchen gibts kein Implantat
und Silikon wär viel zu schad.

Als Mann freut man sich über Blusen
wenn sich darunter wölbt ein Busen.
Ist es ein großer, ist er klein -
dort wo er ist, muss vorne sein!

Splitter Nr. 14

Korrigiere doch mein Schweigen!
Mehr hab ich noch nie gesagt.
Wenn sich unsre Köpfe neigen…
Sag mir leise, was dich plagt.

Sag mir, was dir in der Seele
brennt, und doch nicht glüht.
Weil ich dir mein Glück verhehle,
denkst du, dass es nicht mehr blüht.

Doch mein Glück blüht neue Farben -
frische Triebe schießen quer.
Lass uns nicht mehr länger darben -
zieh dein Kleid aus und komm her!

Was will der Künstler uns wohl sagen ?
Die Frau beginnt erst unterhalb vom Magen?

Wir sind alle frei

Juchhu, juchho, juchhei - wir sind alle frei.
Wir haben die Freiheit für uns entdeckt
und jeder kann fressen, wenn es ihm schmeckt.
Wir können saufen so viel wir wolln,
man kann uns schon bald so wie Rumkugeln
rolln.

Juchhu, juchho, juchhei - wir sind alle frei.
Wir haben die Freiheit tief inhaliert,
wir können verblöden ganz ungeniert.
Jeder kann heiraten, wen er auch liebt.
In Zukunft es Ehe mit Kampfhunden gibt.

Juchhu, juchho, juchhei - wir sind alle frei.
Natur und Klima - es ist eine Schau! -,
wir machen glatt alle Tiere zur Sau.
Wir pfeifen auf Pflichten, Sitte, Gebot -
im Internet boomen Porno und Kot.

Juchhu, juchho, juchhei - wir sind alle frei.
Auch wenn es uns gruselt vor der Zukunft
Wir wehren uns tapfer gegen Vernunft.
Wir schließen unsre Augen ganz fest,
die Marktwirtschaft regelt für uns schon den
Rest.

Juchhu, juchho, juchhei

Vorabend der Dienstreise

Helmut muss morgen nach Otterwisch reisen.
Frau Hanna packt ihm den Reiselord ein:
Socken, Pyjama, ein Hemd von den weißen,
denn Helmut macht sich auf Reisen gern fein.
Drum sucht sie ihm auch aus all seinem Kram
jene Krawatte, die sie ihm selber geschenkt.
Der Orden, den er in Bebra bekam,
wird sorgsam in den Tiefen der Tasche versenkt.

Helmut muss morgen nach Otterwisch reisen.
Frau Hanna legt ihm den Anzug heraus,
greift sorgsam nochmal zum Bügeleisen -
wie sieht denn nur dieser Hosenbruch aus ?!
Dann sucht sie ihm das Waschzeug zusammen:
Bürste, Becher, Kukident und Seifenetui,
Handtücher, die aus der Aussteuer stammen,
denn bei den Hotels, da weiß man doch nie...
Helmut muss morgen nach Otterwisch reisen.
Frau Hanna macht ihm die Stullen zurecht.
Denn Helmut braucht öfters im Zug was zum
Beißen,
sonst wird ihm vor Hunger womöglich mal
schlecht.
Oder soll er zum Mitropa-Buffet?
Und derweil, da klaut ihm einer die Tasche?
Nein, sie füllt ihm süßen Hagebuttentee
sorglich in die Aluminiumthermosflasche.

Helmut muss morgen nach Otterwisch reisen.
Und bring mir was mit, bittet ihn seine Frau.

Schau mal nach Stoffen zu günstigen Preisen,
oder Gardinen mit Spitze in blau.
Er solle nur vor den Preisen nicht scheun,
oder ein Stück aus echtem Kristall.
Auch würde sie sich über Schmuck sehr freun,
denn demnächst ist doch Wohltätigkeitsball.

Helmut muss morgen nach Otterwisch reisen.
Hoffentlich wird er vom Zug abgeholt,
von Leuten, die ihm den Weg richtig weisen,
nicht, dass man ihn in der Fremde verkohlt!
Und er irrt dann herum mit schwerem Gepäck,
wird sich die Füße ganz schrecklich wundlau-
fen...
Am liebsten ließe sie ihn gar nicht weg -
in seinem Alter, da sollte man viel mehr Ver-
schnaufen.

Helmut muss morgen nach Otterwisch reisen.
Das ist bei ihm in der dienstlichen Pflicht.
Da kann die Maus keinen Faden abbeißen -
sie schickt ihn schlafen und löscht gleich das
Licht.
Er braucht die Ruh, heut wird nicht gelesen!
Sie hat seinen Wecker auf fünf Uhr gestellt.
Helmut ist jederzeit pünktlich gewesen,

das ist es, was allen an ihm so gefällt.

Helmut muss morgen nach Otterwisch reisen.
Heimlich füllt er in den Tee für die Fahrt
drei Doppelte vom Nordhäuser Weißen.
Solcherlei Taten sind eigentlich nicht seine Art -
denn Helmut ist wahrlich kein Säufer...
Helmut ist Materialeinkäufer
bei GmbH Leuchten & Pracht -
was haben sie denn gedacht?

Prinz von Utopien

Als ich noch Prinz war bei den Roten
im Blauhemd glühend für den Staat -
die Rolling Stones, die warn verboten,
ich hörte Puhdys und Karat.

Ich hatte sehr viel Ideale,
hab FDJ-Beitrag kassiert
ich glaubte an das Soziale,
ich war noch jung und engagiert.

Sah ich die roten Fahnen wehen
lief ich im Gleichschritt hinterher.
Ich hab nie Westfernsehn gesehen,
ich war hauptamtlich Funktionär.

Ich habe Marx nicht nur gelesen,
ich hab auch Lenin nicht kapiert,
ich bin nie renitent gewesen,
ich habe immer funktioniert.

Ich hatte niemals lange Loden,
ich konnte Trabis repariern.
Ich pfiff auf Jeans und andre Moden,
ich durfte vollbezahlt studiern.

Dass sich muss alles rechnen lassen,
davon hat nie wer was erzählt,

und eins kann ich bis heut nicht fassen -
die Mehrheit hat dann Kohl gewählt.

Als ich noch Prinz war in Utopien
ach ja, achja drallerrallalalalala....

Splitter Nr. 15

Wie lange lebt wohl so ein Hund?
Na, zwanzig Jahre könnte man ihm geben!
Okay, noch bin ich ja gesund -
den Köder könnt ich grad noch überleben!

Foto: Dettmeyer

Andre Länder, andre Götter!
Manche fett und manche fötter!

Was ham die

Wir sind nicht grad die Ärmsten,
darum fahrn wir BMW,
unsre Nachbarn die kennen wir nicht mehr.
Die fahren sonntags schwitzend
mit dem Fahrrad über Land,
in der Woche fahrn die mit Nahverkehr.
Und kürzlich schauten wir uns mal
in deren Wohnung um
- mit dem Fernglas in Küche , Bad und Flur -
die machten so ganz sportlich
auf dem Teppich Gymnastik,
und die hatten eine glänzende Figur!

Was ham die, was wir nicht haben -
was ham die, was ham die, was ham die?
     Was die ham, das wolln wir haben,
     aber bitte mit Rabatt bis morgen früh!

Wir haben seit drei Jahren
auch ein Grundstück gleich am See,
alle Wege sind glatt betoniert.
Die Hütte, die wir haben, hat im Keller eine Bar,
und der Pool ist mit Marmor verziert.
Die da drüben, die haben eine Laube nur aus
Holz,
auf den Wiesen wächst wild grünes Gras.

Die liegen in der Sonne, oder spielen mit dem
Ball,
haben Freunde und jede Menge Spaß.

Was ham die, was wir nicht haben -
was ham die, was ham die, was ham die?
       Was die ham, das wolln wir haben,
       aber bitte mit Rabatt bis morgen früh!

Wir haben eine Wohnung, die ist farblich durch-
gestilt,
und die Möbel sind fast schon antik.
Und die Säbel an den Wänden,
die sind unsre Leidenschaft,
einer stammt aus dem dritten Schwedenkrieg.
Die da drüben, die leben doch dagegen primitiv,
für Ästhetik sind die scheinbar blind.
In allen Ecken liegt so
scheußlich buntes Spielzeug rum,
denn die haben wahrhaftig so ein Kind.

Was ham die, was wir nicht haben -
was ham die, was ham die, was ham die?
       Was die ham, das wolln wir haben,
       aber bitte mit Rabatt bis morgen früh!

Ich leb mit meinem Manne
und wir haben was geschafft,
unser Konto das wächst Jahr um Jahr.

Unsre Liebe gilt den Hunden, unser Hass der
Politik,
im Urlaub fliegen wir nach Sansibar.
Die da drüben, die basteln grad an einem
Transparent
gegen Hunger irgendwo am Nil
Die fehln bei keiner Demo
und sind dauernd engagiert,
ja die haben im Leben noch ein Ziel.

Was ham die, was wir nicht haben -
was ham die, was ham die, was ham die?
　　　Was die ham, das wolln wir haben,
　　　aber bitte mit Rabatt bis morgen früh!

Splitter Nr. 16

Aufrecht gehen durch die Zeiten...
stets mit Schmerz in Eingeweiden...
dröhnt am Ende nur ein Furz,
war die Anstauzeit zu kurz!

Globalisierung

Dauernd gibt es solche Leute
schon seit Jahren, nicht erst heute,
die da jammern und uns drohn
mit den Löchern im Ozon.

Unser Klima sei gefährdet,
weil man viele Bäume erdet
und es würde langsam heiß –
an den Polen schmölze Eis.

Was daran so schlimm sein söllte...?
Lieber heiß, als Eiseskölte!
Wenns zu warm wird in deim Haus,
dreh die Heizung einfach aus.

Und die Eskimos in Grönland
kriegen einen Badestrand.

Auch die Landschaft ist im Wandel,
das ist so in jedem Landel,
jeder will sein Eigenheim –
täglich wächst die Zahl der Reihn.

Wohnraumsilos, Plattenbauten,
die die Städte uns versauten,
sind verpönt und stehn oft leer –
keiner braucht den Nahverkehr.

Zu den Häusles braucht es Straßen,
Autobahn um hinzurasen,
Plätze wo man parken kann,
fordert der Bebauungsplan.

Bleibt noch wo ein Grashalm stehn,
kannst du mit der Schere mähn.

Jedes Jahr gibts Überschwemmung.
Wasser strömt ganz ohne Hemmung,
schwemmt den ganzen Müll und Dreck
endlich aus der Landschaft weg.

Unsre Energie gewinnen
wir aus Öl von Erde innen,
oder auch aus dem Atom
kommt der elektrische Strom.

Und der Abfall, der aktive,
in der Erde dunkler Tiefe
kündet noch in fernen Jahren,
dass wir auf der Erde waren.

Von uns bleiben Rinderwahn
und das strahlende Uran.

Splitter Nr. 17

Gieß mir Öl auf meine Lampe -
komm beeil dich, alte Schlampe!
Dafür gibt es keinen Grund -
du bist doof, ich bin gesund.

Hast du eh nichts weiter drunter,
lass die Hosen einfach runter!

Über den Einfluss der Ernährung auf das Liebesleben

Liebe geht oft durch den Magen,
hört man immer wieder sagen.
Sauerkraut macht liebesblind,
Liebeswahn kriegst du vom Rind.

Mit der Lende eines Hasen
bringst du jedes Herz zum Rasen.
Putenkeule oder Lamm
machen deine Lenden stramm.

Gulasch mit gebräunter Soße -
das bringt Schwung in jede Hose,
dazu ein Kartoffelkloß
und schon prickelt's dir im Schoß.

So ein zarter Schweinebraten,
der ermuntert dich zu Taten,
die die Frau von dir erhofft
wenn nicht täglich, so doch oft!

Oder auch ein Hühnerbrüstchen,
das entfacht bei ihr Gelüstchen,
dazu Erbsen oder Kraut -
sie wird eine geile Braut.

Zwiebel auf dem Käseschnittchen
fällt gern zwischen ihre Tittchen,
Höflich bietet jeder Mann
eine Zwiebelsuche an.

Isst du zwei Pfund Knoblauchzehen,
brauchst du nicht erst lang zu flehen -
keine Schwüre, weh und ach,
schon dein Atem legt sie flach.

Mit Rostbrätel und Buletten
lockt sie dich in ihre Betten.
Doch nach Austern oder Fisch
zerrt sie dich gleich untern Tisch.

Schlürfst du täglich Linsensuppe
sind ihm andre Fraun bald schnuppe,
dazu kühles Gersten-Bräu-
so bleibt er dir ewig treu.

Doch auch Müsli und Salate
stehn bei Amors Schüssen Pate.
Selbst ein Spiegelei mit Speck,
das erfüllt den guten Zweck.

Nur Diäten oder Fasten
gehen sehr zu deinen Lasten -
du wirst müde schwach und faul,
wie ein alter Ackergaul.

Darum merket euch ihr Leute,
was ich euch hier singe heute:
Mancher wurde hingerafft
weil's ihm fehlte an der Kraft.

Liebe geht oft durch den Magen,
hört man immer wieder sagen.
Sauerkraut macht liebesblind,
er kriegt Blähung, sie ein Kind!

Splitter Nr. 18

Glaub dir nicht, was du willst glauben!
Schau dir selber ins Gesicht!
Willst du dir die Ruhe rauben?
Glaub dir selber lieber nicht!

Lieb sie nicht, wie du es sollest,
lieb dich selber, dann erst sie.
Nur wenn du dich selber wollest,
bleibt für sie... ein bisschen... Sympathie.

An meinen Sohn

Da bist du nun, und ich hab endlich einen Sohn,
du bleibst von mir, muss ich die Segel streichen.
Wie schön hebst du das Köpfchen schon -
und schrein kannst du - zum Steinerweichen!
Und nimmt dich Mami an die Brust,
schnurrst du vor Lust.

Da bist du nun und schaust dich um und wun-
derst dich,
du guckst und schielst und blinzelst in die Son-
ne.
Vielleicht wirst du mal so wie ich?
Das wär für Oma eine Wonne.
Ich aber, ja ich wünsche dir...
komm nicht nach mir!

Es ist nicht nur, dass ich mein Spiegelbild nicht
mag,
es ist nicht nur, weil ich gern einen trinke...
womit ich mich am meisten plag -
mein Lächeln, das ist meistens Schminke.
Ich halt mich schön im Hintergrund
und sonst den Mund.

Nun denk nicht gleich, dass ich ein feiger Krie-
cher bin,

nein, nein - weshalb bin ich`s bloß nicht geworden?

Das Kriechen bringt doch stets Gewinn -
gehobne Posten, Titel, Orden...
Zu schade war ich mir dafür
ich Eseltier!

Du lachst, na schön - ein bisschen bin ich darauf stolz,
dass ich das Radfahrn nie trainierte,
ich raspelte nie süßes Holz
und wenn mir ein Malheur passierte,
schob ich nie andre vor das Loch...
das nicht ! Und doch...
Ich hielt mich raus, ich hab von Ferne zugeschaut
und bin doch letztlich immer mitgelaufen.
Ich hab mich nie nach vorn getraut,
ich war stets Teil vom großen Haufen.
In jedes Lied hab ich ergrimmt
brav eingestimmt.

Da bist du nun, und weißt noch gar nicht, was du sollst.
Mein Sohn, werd so, wie ich mal werden wollte.
Wie schön du schon die Augen rollst,
mach täglich siebenmal Revolte.
Werd so was wie der Stülpner Karl,
wie Jesus, oder Robin Hood,

ja, werd ein Held - so wie im Märchen -
und schlag die alte Welt kaputt.
Nur mir, ich bitt` dich ganz entschieden,mir lass
gefälligst meinen Frieden !

Splitter Nr. 19

Der Koch.
Immer, wenn er nicht mehr möchte,
dass das Leben seine Runden dreht,
immer, wenn er fade Suppen köchte,
legt er den Suppenlöffel hin und geht.

Wissenserweiterung

Was weiß man von den fernen Fernen?
Afghanistan war nie ein Ort zum Träumen,
doch immerhin - wir konnten lernen:
Die Taliban sind böse! Heroin wächst auf den
Bäumen.

Kuweit, Irak - in diesen öligen Gebieten,
nicht weit entfernt vom Zweistromland,
da hausen Schi- und Sun- und andre -iten,
die warn uns früher nicht bekannt.

In Syrien kämpfen Islamisten und auch Kurden,
wer gegen wen, das ist oft schwer zu sagen.
Per Flugzeug bomben Russen und Udmurten.
Der ISIS geht es an den Kragen.

So werden wir tagtäglich schlauer -
die Krisenherde können wir benennen.
Wo wird das Klima demnächst rauer?
Was lernen wir als nächstes kennen?

Splitter Nr. 20

Jeder Klang voll Harmonie,
jeder Ton ein Notenfest!
Jeder Takt zeigt dem Genie,
Dass sich's noch besser spielen lässt.

An dich

Ich glaub, ich müsste Dir viel öfter sagen,
dass ich Dich ziemlich leiden kann.
Ich staune, wie wir uns doch meist vertragen,
dabei bist Du doch Frau und ich bin Mann.

Das passt ja eigentlich nicht wirklich,
was sich bei andern tausendfach beweist.
Ich kannte keine Frau, die Dir glich -
Du gehst mir selten auf den Geist.

Ich bin meistens gern mit Dir zusammen,
ich geh mit Dir auch sehr gern Essen.
Vielleicht steh ich nicht mehr "in Flammen",
doch fraglos hab ich viel zu oft vergessen,

was ich Dir häufig sagen wollte.
Drum sag ich heute dafür doppelt...
äh.... also... was ich öfter sagen sollte...
Du bist die Lok, ich habe angekoppelt!

Wobei, das ist jetzt etwas dämlich formuliert -
"Du bist die Lok..." - du bist ja nicht aus Eisen!
Du stehst auch selten unter Dampf...
und rollst nicht nur auf alten Gleisen...

...Du bist... - mir fehlt jetzt ein Vergleich!
Ein steter Quell, der unverdrossen...?

Ein Fluss, an Strudeln und Ideen reich...?
Ach, quatsch!
Ich habe Dich ins Herz geschlossen!

In Würde

Ich schneid mir den Schwanz ab.
Ich leide unter deinen Blicken.
Du willst mich wild, nicht schlapp…
ich hab die Schnauze voll vom Ficken!

Wir hatten doch so viele Jahre
mit gutem Sex und trocknem Wein.
Bevor ich falle auf die Bahre…
lass mich bitte nicht allein.

Wenn ich die vielen Alten sehe,
die notgeil schamlos sich umbalzen…
wenn ich den Kopf ganz schnell wegdreh…
ich sah sie doch, die fetten Walzen.

So schnell kann man den Blick nicht wenden…
im Bad, am Strand… - die welken Leiber.
Der Horror will nicht enden…
verhüllt euch doch, ihr alten… Leute

Liest du täglich `ne Annonce,
wirst du irgendwann zu Bronze.

Frohsinn

Wir sind so froh, dass wir zwei Deutsche sind,
     zwei Deu-heuheu-tsche sind.
Jede andere Nation erscheint dagegen ziemlich
blind,
weil wir die Grö-höhö-ßten sind.

Wenn wir Schotten wären, das war doch zum
Lachen,
denn die tragen Rock und dudeln Sack.
Alle Griechen stinken dauernd aus dem Rachen,
denn jedes Essen hat vom Knoblauch den Ge-
schmack.

Wärn wir Russen aus dem eisigen Sibirien,
das wär für die Leber äußerst schlecht,
denn um dort nicht grausig zu erfrieren,
muss man Wodka saufen wie ein Pferdeknecht.

Oder stell dir vor wir wären Kongo-Neger,
hätten dreizehn Kinder oder mehr,
wären innen voller böser Aids-Erreger,
und von außen sehn wir aus wie blankes Teer.

Wir sind so froh, dass wir zwei Deutsche sind,
     zwei Deu-heuheu-tsche sind.
Jede andere Nation erscheint dagegen ziemlich
blind,

weil wir die Grö-höhö-ßten sind.

Auch Japaner, die den Reis mit Stäben essen,
können uns kein bisschen imponiern,
weil sie selten mehr als einen Meter messen,
und sich Walfischfett in ihre Haare schmiern.

Sehr verwirrt und dumm erscheinen mir die
Inder
die vor Hunger vielfach vor die Hunde gehn.
Dabei haben sie genügend fette Rinder,
die da heilig überall im Weg rumstehn.

Die Franzosen sind verdorbene Genießer,
faul und immer nur l'amour im Sinn.
Jeder zweite ist ein wandelnder Pariser
und französisch redet die Pariserin.

Wir sind so froh, dass wir zwei Deutsche sind,
        zwei Deu-heuheu-tsche sind.
Jede andere Nation erscheint dagegen ziemlich
blind,
weil wir die Grö-höhö-ßten sind.

Alle Amis tragen Waffen wie Ganoven
und sie bringen sich auch häufig damit um.
Manche ballern um sich wie die Doofen
- Donald Trump der läuft noch mobsfidel herum.

Die Araber, die das Schweinefleisch verachten,
ihre Frauen bis auf einen Schlitz verhülln,
und sie dann im Harem lassen schmachten,
können uns mit Neid...äh... Abscheu nur erfülln.

Alle Polen klauen Autos wie die Raben
rennen dann Zuhaus in eine Kirche rein.
Wenn sie dort die Klauerei gebeichtet haben,
reisen sie erleichtert neu in Deutschland ein.

Wir sind so froh, dass wir zwei Deutsche sind,
          zwei Deu-heuheu-tsche sind.
Jede andere Nation erscheint dagegen ziemlich
blind,
weil wir die Grö-höhö-ßten sind.

Italiener sein, das wäre auch beschwerlich,
wenn man keinen von der Drogen-Mafia kennt,
Wenn wir Türken wären, das wär sehr gefähr-
lich,
weil andauernd einer nachts im Bett verbrennt.

Oder stell dir vor, wir wären große Briten,
stets von Nebelschwaden feucht benetzt,
lebten ganz nach diesen alten steifen Sitten,
wärn dem Rinderwahnsinn täglich ausgesetzt.

Diese Spanier, das sind übelste Sadisten,
stechen arme Stiere wahllos ab.

Öst'reich hat zwar mal einige Faschisten,
Hitler, Heider - doch ansonsten sind die schlapp.

Wir sind so froh, dass wir zwei Deutsche sind,
  zwei Deu-heuheu-tsche sind.
Jede andere Nation erscheint dagegen ziemlich
blind,
weil wir die Grö-höhö-ßten sind.

Oder wenn wir schließlich außerirdisch wären
sieben Augen und den Kopf aus Blech,
jagten dauernd durch die leeren Himmelsspären
und Fortpflanzung fiele überflüssig wech...

Doch am schlimmsten wär, wir wären Asylan-
ten,
die die deutsche Sprache kaum verstehn.
die gemeinsam mit den Anverwandten
ewig wartend vor den deutschen Ämtern stehn.

Wärn wir keine Deutschen, das wär wirklich
übel,
denn dann wären wir hier völlig fremd,
und dann könnte uns der allerletzte Rüpel
als asozial beschimpfen ungehemmt.

Wir sind so froh, dass wir zwei Deutsche sind,
  zwei Deu-heuheu-tsche sind.

Jede andere Nation erscheint dagegen ziemlich blind,
weil wir die Grö-höhö-ßten sind.

Vision

Ich sitz nicht gern in leeren Stätten,
wo sich Gäste drängen sollten.
Die liegen wohl in ihren Betten,
als ob sie niemals kommen wollten.

Wieso bin ich als Einziger gekommen?
Bin ich auf irgendeinen Leim gegangen?
Die junge Kellnerin, die ich verschwommen
sah, mit kurzem Rock und blonden Wangen?

Ich sah sie durch die angelaufnen Scheiben.
Ich überlegte, ob ich... oder lieber nicht?
Selten gehe ich allein in Kneipen -
doch eigentlich... - es brennt ja Licht!

Für wen denn, ist es angeknipst?
Ich also rein und war erleuchtet.
Am Ende war ich gar beschwipst -
die Kellnerin, wenn mich nicht täuschtet...

war weder jung noch blond nur sehr ver-
schwommen.
Sie tauchte ab, als wär ich nicht hereingekom-
men.

PS: Über den Kellner der kam,
         schweig ich aus Gram.

weiblich, Single

Ich wollt, ich wöllt ein Kind,
dann wüsst ich sehr geschwind,
ob er zu mir für immer steht -
oder ob er geht.

Jedoch ich will kein Kind,
auch wenn ichs schade find,
ein Kind ist wirklich wunderbar
für ein vermähltes Paar.

Doch ich bin nicht vermählt,
das ist, was mich so quält,
ein Kind bekommen und allein,
da müsst ich dämlich sein.

Der Staat ist zwar kulant,
doch nicht mit mir verwandt,
er ist kein Vater den man braucht,
damit der Ofen raucht.

Ich wollt, ich wöllt ein Kind,
doch weil sich keiner find,
verhüte ich mit Konsequenz
und fahr Mercedes Benz.

Splitter Nr. 21

Ich komme nicht mehr aus der Hüfte.
Das Kreuze krieg ich nicht mehr grade.
Mir entweichen ungewollte Düfte.
Thrombose zwickt mir in der Wade.

Ich weiß, es liegt am vorgerückten Alter -
ich rücke unablässig weiter vor.
Doch für die Bremse find ich keinen Schalter.
Zum drüber Lachen fehlt mir der Humor.

Doch wenn ich mich andauernd gräme,
nützt es mir und meiner Hüfte nichts.
Und wenn ich mich der Fürze wegen schäme,
bleibt es im Rahmen des Gedichts.

Drei Ganovinnen
(nach "Seeräuber Jenny" von Kurt Weill und
Bertold Brecht)

Meine Herren, heute sehn sie uns noch mit lee-
ren Taschen
und wir sind Niemandse für jeden.
Denn sie zahln pünktlich keine Steuern, und sie
bescheißen den Staat,
denn sie hintergehn ihre Frau und verfetten
auch privat
und sie wissen nicht, mit wem sie reden!
Aber eines Abends wird ein Geschrei sein im
Fernsehn,
und man fragt: Wer sind denn nur diese drei?
Und man wird uns lächeln sehn von Titelseiten
und man sagt: Was lächeln die dabei?
Und ein Schiff von den Sternen
mit acht Laser-Kanonen
wird schweben herab.

Meine Herren, dann wird ihnen schnell das Lä-
cheln erstarren
und sie werden wimmern wie ein Kind.
Und wir werden pfeifen auf Gesetze und auf das
ganze Recht,
und wir werden zerschneiden, das ganze kor-
rupte Geflecht,
und sie wissen immer noch nicht, wer wir sind.

Doch an diesem Abend wird ein Bericht sein im
Fernsehn,
und man fragt: Was soll denn dieses Getös?
Und man wird aufspringen aus den weichen
Sesseln
und man sagt: Was lächeln die so bös?
Und das Schiff von den Sternen
mit acht Laser-Kanonen
wird beschießen die Welt.

Und es werden kommen tausend gen Mittag von
Bord
und werden befragen gar jeden,
und werden greifen jeglichen aus jeglicher Tür
und ihn legen in Ketten und bringen herfür
und fragen: Welche sollen wir töten?
Und an diesem Mittag wird es still sein in der
Welt
und man fragt, wer wohl sterben muss.
Und dann werden sie uns sagen hören: Alle!
und wenn ein Kopf fällt, sagen wir: Hoppla!
Und das Schiff von den Sternen
mit richtigen Männern drauf
wird entschwinden mit uns.

Ruhestand...

das ist ein Stand,
wo mancher keine Ruhe fand.

Und mancher wollte nun das Leben endlich
kosten -
genießen!
Und Blumen gießen!
Und tat doch letztlich rosten!

Der Ruhestand ist intressant,
wenn man statt Ruhe
Unruh fand.
Pflicht, die man erfüllen kann -
dann und wann...
...als halber Mann...

Man braucht Ruhe nicht nur im Stand,
im Liegen auch allerhand!

Foto: Dettmeyer

Schon mancher, der das Maul aufriss, sich später in den Hintern biss!

Splitter Nr. 22

Schon nach paar Wochen ist es klar -
es wird ein doofes neues Jahr!
Nachts ist es kalt, bei Frost noch kälter -
am Ende bist du wieder ein Jahr älter!

An dich - II

Schon war es ziemlich spät
Schon kam in mein Leben die Nacht
Auch, wenn kein Hahn danach kräht -
Wir haben ein Wunder vollbracht.

Wir haben noch kurz vor dem Ende
den Anfang für Ewig gefunden.
Wenn wir gehen - Hand in Hände -
wir bleiben im Dunkel verbunden.

Du hast meine Hoffnung bejaht,
ich wollte mich oft schon verneinen.
Und wenn der Sensenmann naht -
lass uns gemeinsam... lachen & weinen...

Liebes Brautpaar !

Es ist auf dieser Welt so eingerichtet,
dass alles sich zu paaren sucht -
den Schwänen wird gar angedichtet,
dass sie zur Treue sind verflucht.

Ein Kater sucht sich eine Katze,
die Kuh seufzt - ach, wo ist mein Bulle?
Ein Bett sehnt sich nach der Matratze,
die Wurst will auf die Butterstulle.

Der Mensch allein kann frei erwählen,
wem er sein Herz für immer schenkt.
Mancher muss sich da sehr quälen,
bevor er richtig Feuer fängt.

Der andre schimmelt und vermodert
weil er die Leidenschaft nicht kennt.
Doch wenn das Feuer richtig lodert,
und einer für den andern brennt,

dann gibt es schließlich kein zurück
zwei Pole ziehn sich magisch an,
dann stürzt man sich ins wilde Glück -
weil man nicht mehr anders kann.

So war es auch der Fall bei jenen,
die heute hier die Ehe schlossen.

Erinnert euch der heißen Szenen,
und an die Tränen, die geflossen.

Zwar warn es meistens Freudentränen
doch jedes Glück birgt auch den Schmerz
- und außerdem wolln wir erwähnen:
Kein Traum blüht immer himmelwärts.

Es gibt die Wolken und den Regen
es gibt den Donner, Blitz und Hagel
- so mancher Stein liegt auf den Wegen,
nicht jeder Schlag trifft auf den Nagel.

Manchmal trifft man auch den Daumen,
manchmal fällt man in den Dreck,
manchmal kribbelt es im Gaumen
und die Nase läuft fast weg.

Wenn alles immer klappen würde,
wenn die gebratnen Tauben flögen,
wenn nirgends stünde eine Hürde,
wenn alle Wolken sich verzögen,

dann könnte man alleine bleiben.
Wichtig wird der andre dann,
will man sich den Rücken reiben -
dort, wo man es nicht alleine kann.

Sicher gibt's auch andre Sachen,

die allein nur schwer zu machen sind,
die gemeinsam Freude machen -
beispielsweise auch ein Kind.

Ihr, die Ihr euch jetzt zusammentatet,
hier... und heute... mit den Wörtchen "ja",
ihr seid vielleicht vom Glück begnadet,
doch das Pech liegt immer nah.

Freut euch über jeden Zwist,
keinen Streit gilt's zu vermeiden,
weil man nur wirklich glücklich ist,
kennt man auch die Schattenseiten.

Jeden Tag nur Gänsebraten
das verträgt der Magen nicht.
Jeden Tag in Schaumwein baden,
davon kriegt man bloß die Gicht.

Lasst euch darum nicht erschrecken,
wenn die Sonne mal nicht scheint.
Wenn die Sterne sich verstecken -
wichtig ist - ihr bleibt vereint!

Glückwunsch, Alter!

Ja... - Glückwunsch, alter Sack!
Wenn du nicht da wärst, würde es auch mich
nicht geben.
Du bist doch eigentlich noch gut auf Zack -
lass uns gemeinsam noch ein bisschen leben!

Wir zwei beide, du und ich, auch wenn wir
manchmal streiten,
wir lieben uns zumeist,
du kannst mit mir den Umgang nicht vermeiden
-
du, mein Körper - ich dein Geist!

Du wirst mich aber eines Tages zerrn
hinab ins Grab - am Tag des Herrn.
Das wird der Tag, an dem ich dich verfluche -
nur kurz. Verzeih! Das schlägt nicht sehr zu Bu-
che.

Fest steht, wir können uns nicht trennen,
obzwar verschieden und höchst autonom.
Und wenn wir miteinander pennen,
dann strömen wir hinfort auf einem breiten
Strom...

ein Strom so breit, so tief wie nur ein Ozean.
Wir zwei... mit Namen - wir: Stephan.

Kapital

Kapital ist stets flexibel -
nicht gebunden an die Bibel,
kann nicht schreiben oder lesen,
schuftet ohne Bändigung.
Und trotz mangelnder Verständigung -
heckt es auch mit den Chinesen.

Wachstum fördern ohne Schranken!
So was lieben auch die Banken.
Dort, wo Arbeitskräfte billig,
wo nicht nur die Nutten willig,
wo die Umwelt beim Vernutzen,
wo die Flüsse beim Verschmutzen
- auch wenn manche dran krepieren -
keine Sau recht intressieren.

Wichtig ist die Dividende,
die man schütten kann am Ende
in den Hals der Aktionäre.
Immer mehr, nur schnell hinein!
Nicht Besitz und Reichtum, nein,
Neid - das ist das Ordinäre!

Alltäglich

Abends schau ich mit der Glotze in die Welt.
Ich seh, wie irgendwo gerade was in Trümmer
fällt.
Weltweit hört man die Rufe - lauthals, zornig -
stoppt den Krieg!
Und wer die Waffen lieferte, dessen Aktie stieg.

> Das ist logisch, das ist klar,
> das geht schon so manches Jahr,
> das regt kaum noch jemand auf,
> so ist nun mal der Weltenlauf.

Menschenrecht und Freiheit bringt uns Deut-
schen den Erfolg.
Irgendwo verhungert wieder mal ein Volk.
Hier bekommt sogar der dümmste Bauer Geld,
wenn er den fetten Acker nicht bestellt.

> Das ist logisch, das ist klar,
> das geht schon so manches Jahr,
> und man fragt schon längst nicht mehr
> ob es auch anders möglich wär.

Alle sind wir hier schon ziemlich multikulturell -
Pizza , Döner, Peking-Ente naturell!
Für den Mülltransport sind Kosovaner ideal.

Was nicht mehr nützlich ist, entsorgen wir im
Senegal legal.

Das ist logisch, das ist klar,
das geht schon so manches Jahr,
das ist lange schon normal
und auch kein Thema für die Wahl.

Wir sind alle "grün" und wahrhaft Freunde der
Natur.
Die Freundschaft endet dann beim Gelde nur.
Bequemlichkeit ist wertvoll so wie Gold -
und jeder hilft, damit die Blechlawine rollt!

Das ist logisch, das ist klar,
das geht schon so manches Jahr,
und so wird im Lauf der Zeit
der Wahnsinn zur Alltäglichkeit.

**Matroschka bleckt die bösen Zähne.
Oder hat sie heut Migräne?**

Lob der Politiker

Am Anfang wenn sie keiner kennt,
nützt ihnen Fleiß nicht und auch kein Talent -
da heißt es - kratzen, kriechen, schleimsen... -
um einen Listenplatz sich einzuheimsen.

Und dann in den aktiven Jahren
müssen sie viel Fahrrad fahren -
strampeln und nach unten treten,
Buckel krumm, nach oben streben!

Und haben sie nach oben endlich abgehoben,
müssen sie sich selber glauben und loben -
was sie nicht alles tun für Volk und Land,
stets mit der Zukunft Hand in Hand!

Natürlich gibt es Unterschiede -
der eine ist mehr scheu und prüde,
der andere ist mehr "Hans Dampf",
der nächste liebt den Klassenkampf.

Jeder bastelt sich den eignen Rahmen.
Fest steht aber, wie in der Kirche das "Amen":

Wir könnten alle besser leben,
würde es die gar nicht geben.

Splitter Nr. 23

Du kannst das Spiel nicht gewinnen!

Du kannst dir Götter zusammenspinnen,
du kannst dich selbst und die Welt
begreifen von außen und innen...
du kannst saufen und saunen wie Finnen,

aber mir und dem Tod...

kann auch ich nicht entrinnen!

Wahl

Wahl ist eine feine Sache
für den Bürger hierzulande.
Man kann üben seine Rache
an der ganzen faulen Bande,
die man aus dem Fernsehn kennt -
die sich stolz Regierung nennt!

Die sind schuld an allen Steuern
und dem Zustand von Gemäuern
ringsherum in Stadt und Land
von Berlin bis Wüstenbrand.

Die Diäten satt kassieren,
die sich gegenseitig schmieren,
die man eigentlich nicht brauch -
was die können, kann man auch!

Und man fragt sich nebenbei:
Wer will was? Und dann: Wobei?

Mir geht das glatt am Arsch vorbei.
Schon die alten Griechen wussten:
Politik ist kalter Husten!

Wer das Geld hat, hat die Macht!
Und wer Macht hat, hat den Staat!

Regt euch bloß nicht drüber auf -
auch mit bisschen Sahne drauf,
wird aus Kacke kein Salat.

Wählt sie wieder, lasst nicht nach,
haltet sie in Bann und Schmach.

Denn wenn dauernd neue kommen,
spieln die Neuen stets die Frommen,
die kein Wässerchen je trübten
und sich nie im Lügen übten.

Eh man die dann hat durchschaut,
ist schon wieder viel versaut.
Darum lasst kein Mitleid walten -
straft sie ab! - wählt stets die alten!

Arbeitslose

Ich bin Klempnerlehrling, wer ist mehr?
Trotzdem, von Illusionen musste ich mich tren-
nen -
zu Ostern kann ich mich Geselle nennen,
dann gehe ich auf Zeit zur Bundeswehr.
Ich bin zwar schwächlich-kränklich bloß -
ansonsten wär ich arbeitslos.

Susi heiß ich. Ich bin erste Wahl!
Ich kann vor Kundschaft - zahlungskräftig - mich
kaum retten.
Mit mir zu schlafen, heißt sich wahrhaft fürstlich
betten,
ich lass - ob Milchmann oder Admiral,
wer Wonne will auf meinen teuren Schoß -
ich werde niemals arbeitslos.

Ich bin Mitglied in der FDP,
früher war ich Grün, dann rot, dann schwärzlich.
Der Übertritt ins Liberale war nicht schmerzlich,
ich lass mich wähln, das ist der Dreh -
mein Einfluss ist nicht allzu groß -
doch ich werd niemals arbeitslos.

Ich war Reporter - erster Mann bei BILD.
Ich wußte täglich was die Kommunisten planen
-

Terror, Knechtschaft - Brüder in der Zone ließ
ich mahnen:
Schon Babys wird der Geist von Stalin einge-
drillt!
Die roten Gruselstorys brachten Moos -
die Wende kam - nun bin ich arbeitslos.

Ich erbte nicht nur Geld, auch Macht,
ich hab das Kapital... nicht nur als Buch gelesen,
Ich bin human und hab ein ausgeglichnes We-
sen
und hab schon häufig über arme Menschen
nachgedacht.
Ich kauf Parteien so wie Aktien - Stoß um Stoß -
ich bin gebürtig: Arbeitslos.
Des Morgens trink ich Schlankheitstee,
mein Mann ist Arzt, ich ordne manchmal die
Papiere.
Jedoch am besten bin ich, wenn ich präsentiere
- auf Partys mich mit meinem Dekolleté.
Mein Mann ist klein und dick so wie ein Kloß -
ich bin am liebsten arbeitslos.

Ich bin Rentner. Früher war ich Lehrer
und hab den Schülern Marx und Engels einge-
paukt.
Heut bin ich aus dem Schuldienst ausgegauckt.
Trotzdem bin ich ein Blüm-Verehrer.
Die Rente, die ist ganz famos -

es lebt sich gut so arbeitslos.

Ich bin Schweißer. Manchmal bin ich blau.
Im Stahlwerk unterbiet ich täglich alle Normen.
Ich halt nichts von Gewerkschaft, gar nichts von
Reformen - ich habe ein Kind und meine Frau.
Denn schwingt das Maul man allzu groß... -
ich schweig und bin nicht arbeitslos.

Schlussfolgernd lässt sich also heute sagen:
Das Los der bundesdeutschen Bürger ist erfreu-
lich.
Zur Freiheit stehn sie fest und ganz getreulich.
Und jene, die da über kleine Härten klagen
mit ihren sozial verzärtelten Popos -
die haben immerhin die Hoffnung noch aufs
große Los:

Die Glücksspirale wird es geben - Geld, Gold,
ein sinnerfülltes Leben!

Foto:Dettmeyer

Biologisch angebaut -
Umwelt wird nicht mehr versaut!

Die Mischmaschine
(nach Otto Reuter "Der Überzieher")

Denken sie nicht, dass ich dichte,
nein Beweise gibt es auch,
viel zu tun ham die Gerichte,
das ist nicht nur blauer Rauch,
dauernd wird etwas gestohlen,
dauernd wird etwas geklaut,
mancher tut es unverhohlen,
ganz besonders wenn er baut.
Dieser baut ne Scheune aus,
 jener grad sein Eigenhaus.

Was wo unbewacht liegt,
wie im Hui Beine kriegt.

Beispielsweise war es so,
gestern musst ich mal aufs Klo,
und schmiss zu dem Zweck
meine Schippe in den Dreck,
dann zurück an dem Fleck,
war die schöne Schippe weg.

Jetzt ist Freitag, kurz vor Viere,
ganz genau ist es halb drei,
ich hab schon son Durst auf Biere,
sehn den Feierahmd herbei,
doch da steht die Mischmaschine,

wartet, dass sie einer putzt -
oder ob ich mich erkühne,
lass stehn so arg verschmutzt?
Sie gehört doch auch nicht mir,
und mich dürstet es nach Bier.

Geh ich weg vom Fleck,
bleibt die Mischmaschin voll Dreck.
Sieht voll Dreck sie ein Dieb,
weckt sie kaum den Diebestrieb,
bleib ich hier und polier
Mischmaschine bis um Vier,
kommt bestimmt so ein Geck,
nimmt die Mischmaschine weg.

Theorien wenig nützen,
wenn es praktisch anders ist -
tut samt Dreck man sie stibitzen,
 ja, dann hätten wir den Mist,
vielleicht tut auch einer denken,
dass das Dreckstück keiner brauch....
und er nimmt sie ohn Bedenken...
- ich greif schnell zum Wasserschlauch.

Und ratzbatz ist der Dreck
von der Mischmaschine weg.

Und nun steht das Maschin
glänzt als wenn Sonne schien,

blinkt wie neu, strahlt vor Fett
und find sie sehr adrett,
wie ich sie jetzt so seh,
da kommt mir doch die Idee:
Scheiß auf die Theorie,
selber mopse ich mir sie.

Doch jetzt ist die Schicht zu Ende,
ich muss erst mal weg vom Fleck,
der Polier es komisch fände,
blieb ich hier ganz ohne Zweck.
Bloß die saubre Mischmaschine
kann hier nicht alleine sein -
Prügel ich wahrhaft verdiene,
ließ ich lockend sie allein.

Wär sie noch so schlimm verdreckt,
hätte keiner sie entdeckt.

Doch nun ist sie ganz rein...
- da fällt mir die Lösung ein:
Dass der Feind nicht gewarnt,
wird im Krieg alles getarnt.
Und ich nehm dicken Dreck,
tarne die Verlockung weg.

Nun geh ich voll Vernunft,
erst einmal zur Unterkunft.

Hurtig tausch ich die Klamotten,
zwischendurch wird schnell geduscht,
andre tun's für ihre Lotten,
ich hab heute bloß gehuscht,
weil ich es doch eilig habe,
wegen meiner Mischmaschin -
und ich setze mich in Trabe
schnell zu ihrem Standort hin.

Und dann komm ich an den Fleck -
ei, die Mischmaschin is weg!

Da krieg ich eine Wut -
Mischmaschin ist Diebesgut!
Dabei wollt ich sie grad...
äh... -
Wollen ist noch keine Tat!

Hoffendlich kommt der Wicht,
möglichst schnell vor ein Gericht,
sonst komm ich, es wär gelacht,
völlig schuldlos in Verdacht.

Denken sie nicht, dass ich dichte,
nein Beweise gibt es auch -
viel zu tun ham die Gerichte,
das ist nicht nur blauer Rauch.
Dauernd wird etwas gestohlen,
dauernd wird etwas geklaut,

mancher tut es unverhohlen,
ganz besonders wenn er baut.

Wer baut heutzutage nicht?
Tschüß, wir sehn uns vor Gericht !

Was man hat

Wir haben uns damals schlimm verknallt,
wir sind auf Wolke sieben rumgeloofen.
Wir haben es im Bett... in Feld und Wald...
sie war ein richtig heißer Ofen.

     Und, was man hat, das weiß man.
     Man kann sich immer dran erfreun.
     Und außerdem - es ist bequem -
     man muss bloß stets zu Willen sein!

Es tut so viele Frauen geben -
fast jeder zweite Mensch, der ist ja eine!
Du kannst nicht alle in deim Leben...
...sie wissen, was ich eben meine!

     Und, was man hat, das weiß man.
     Man kann sich immer dran erfreun.
     Und außerdem - es ist bequem -
     man darf bloß nicht so störrisch sein!

Die schönsten Fraun, das kommt dazu,
die sieht man bloß in Zeitung und im Fernsehn.
Da blinzeln die dir lüstern zu -
in "leif" tun die dich gar nicht gern sehn!

Und, was man hat, das weiß man.
Man kann sich immer dran erfreun.

Und außerdem - es ist bequem -
man muss bloß stets gehorsam sein!

Traum

In der Nacht, da ist man meistens ganz alleine,
wenn man schläft und mit sich selber träumt.
Manchmal zucken Arme, Bauch und Beine,
manchmal ahnt man, was man so im Traum
versäumt.

Tausend Träume träumt man so im Lauf des
Lebens,
viele Träume kommen und vergehen jede
Nacht,
doch den einen Traum - man träumt ihm meist
vergebens - träumt man weiter - auch nachdem
man aufgewacht!

Dieser Traum das ist die Ausgeburt der Träume,
du siehst dich selbst und hast kein bisschen
Angst.
Du bist auch nicht allein im Raum der Welten-
räume,
selbst wenn du nach den fernsten Sternen
langst.

Alles wendet sich für dich nur noch zum Guten,
alle Bösen, die ersaufen dann im Fluss.
Alle wissen es - und müssen nicht vermuten -,
dass die Welt nicht nie wirklich untergehen
muss.

In mancher Nacht, wenn man so liegt alleine,
wenn man sich quält, weil man nicht schlafen
kann,
wenn es juckt in Arme, Bauch und Beine,
dann fängt der Traum vom Ende her gesehen
an.

Gefangen, gefangen - mit Spießen und mit Stangen!

Splitter Nr. 24

Ich sterbe mit mir am selbigen Tag,
zur selben blassen Sekunde!
Die Welt, die selbig vor uns lag,
geht dann mit uns zu Grunde.

Lebenslauf

Bevor ihn eine Frau gebar…
es war wohl Februar und Winter,
war eines völlig sonnenklar:
Sie wollte keine Kinder.

Er aber war bereits gezeugt.
Sein Vater hatte sich gemüht.
Das war der Fakt - ganz ungebeugt -
und ringsum hatte Raps geblüht.

Sie hat ihn in die Welt gesetzt
samt Kopf und Bauch und Armen.
Sein Mütterchen war bis zuletzt
ein Dummchen zum Erbarmen.

Was ihm auf Erden wiederfuhr,
das ist ein trauriger Roman.
Er leistete den Gottesschwur
und landete im Rinderwahn.

Er hat sich eine Liebe leise
aus dem Herz herausgerissen.
Er hat drei Tonnen brauner Scheiße
ins Gelände rings geschissen.

Das war sein Leben.
Wer soll ihm das vergeben?

Welche Farbe hat das Geld

(nach Dravi Deutscher "Welche Farbe hat die Welt")

Als ich klein war, ging ich zum Vater mit dem Malbuch in der Hand
und ich fragte, welche Farbe hat das Geld?

Welche Farbe hat das Geld -
ist es blau oder gelb,
ist es grau oder grün,
ist es rot wie die Socken
oder blond, wie die Blonden,
oder ist es so schwarz, wie so manche Schweizer Konten.

Schwarz wird der Himmel,
wenn ein Steuerprüfer droht.
Gewinn wird zerstört
und du leidest fast Not.
Gelb ist der Neid -
unser Feind, der hat Geld!
Grau werden Haare,
wenn alles verfällt.

Welche Farbe hat das Geld -
ist es hell, wie ein Schein?
Ist es weiß, wie der Schnee?
Ist es schwarz, wie die Kohle,

oder rot, wie die Pfoten,
wo noch Blut daran klebt von so vielen fremden
Toten.

Welche Farbe hat das Geld?
Es ist braun, wie die Scheiße,
doch es stinkt nicht so laut, sondern stinkt nur
ganz leise.

Mensch am Anfang

Am Anfang ist der Mensch noch dumm,
ein Säugling ohne Zähne.
Er liegt zumeist in Windeln rum
und macht noch keine Pläne.

Er ist sich selbst noch nicht bewusst,
sein Name ist ihm schnurze.
Er schreit, will er zur Mutterbrust,
und kräht bei jedem Furze.

Jeder Mensch ist anfangs Kind
und jeder hat ein zartes Seelchen.
Und wenn er Pech hat, steht am Ende:
Ein Faultier mit zwei linke Hände.

Der Mensch wächst langsam, und wird dick,
und bald geht er auf Töpfchen.
Er lutscht am Daumen mit Geschick,
benutzt auch schon sein Köpfchen.

Dann kommt der Tag, da sagt er "ich"!
Ich will! - nun muss beginnen,
die Zähmung vom dem Wüterich
von außen und von innen.

Jeder Mensch ist anfangs Kind
und jeder hat ein zartes Seelchen.

Und wenn er Pech hat, steht am Ende
ein Großmaul ohne Hirntalente.

Der Mensch er rottet sich zu Hauff,
er bildet größre Horden.
Er baut sich eine Ordnung auf -
es gibt verschiedne Sorten.

Doch wenn die Ordnung stark verkalkt,
wenn Geist und Gen verkümmern,
sich jeder nur um Knete balgt,
kann man den Sarg schon zimmern.

Jeder Mensch ist anfangs Kind
und jeder hat ein zartes Seelchen.
Und wenn er Pech hat, steht am Ende:
bloß noch ein Denkmal im Gelände.

Und eingemeißelt kann man lesen:
Er ist am Anfang nett gewesen!

Schicksal

Am Morgen steigst du aus dem Bett,
als wenn dich wer geritten hätt.
Das Frühstücksei ist hart wie Stein,
den Kaffee kippst du dir aufs Bein.
Dann rennst du eilig aus dem Hause   ,
die Treppe die ist glatt vom Eise -
du landest hart auf deinem Steiße.

Dann klaut dir wer die Frühstücksbemm –
und auch im Lotto keine richt'ge Zahl!
Du darfst das nicht persönlich nemm,
du bist dem Schicksal scheißegal.

Du suchst seit Jahrn den richt'gen Mann,
der hämmern und der nageln kann -
dein Häusel stürzt schon langsam ein! -,
er soll auch bisschen zärtlich sein.
Du machst Annonce in der Zeitung -
es meldet endlich sich ein Freier,
dann stellt sich raus, es ist ein Bayer.

Dann klaut dir wer die Frühstücksbemm –
und auch im Lotto keine richt'ge Zahl!
Du darfst das nicht persönlich nemm,
du bist dem Schicksal scheißegal.

Die Steuer sinkt, die Steuer steigt,

was einem Paternoster gleicht.
Und wer gewinnen will die Wahl
der senkt die Steuern gleich nochmal.
Du bist entzückt, doch schließlich merkst du -
die reichen Leute, die tun feiern -
gesunken sind nicht deine Steuern.

Dann klaut dir wer die Frühstücksbemm –
und auch im Lotto keine richt'ge Zahl!
Du darfst das nicht persönlich nemm,
du bist dem Schicksal scheißegal.

Ein Vogel kackt dir auf den Kopp.
Dein Chef der kündigt dir den Job.
Die Tante, wo du erben kannst,
wie eine junge Ziege tanzt.
Du glaubst nicht mehr ans Glück auf Erden -
die eigne Frau verlässt dich schnöde,
als ob sich ihr was Bessres böte.

Dann klaut dir wer die Frühstücksbemm –
und auch im Lotto keine richt'ge Zahl!
Du darfst das nicht persönlich nemm,
du bist dem Schicksal scheißegal.

Erst fliegst du um die halbe Welt
das kostet dich ein Haufen Geld.
Dann liegst du emsig dort am Strand
und holst dir einen Sonnenbrand.

Am Ende nimmt man dich als Geisel -
du leidest Durst und Angst und Qualen -
das Lösegeld will niemand zahlen.

Dann klaut dir wer die Frühstücksbemm –
und auch im Lotto keine richt'ge Zahl!
Du darfst das nicht persönlich nemm,
du bist dem Schicksal scheißegal.

Dein Sohn ist dumm so wie ein Brot
und von Begabung nicht bedroht,
er geht zur Schule Tag für Tag,
was keinen Lehrer freuen mag.
Man sagt, es kann noch alles werden.
Dann endlich platzt bei ihm der Knoten -
er hat, wie du, zwei linke Pfoten.

Dann klaut dir wer die Frühstücksbemm –
und auch im Lotto keine richt'ge Zahl!
Du darfst das nicht persönlich nemm,
du bist dem Schicksal scheißegal.

Du hast ein Auto schick und schnell
und kommst nur selten von der Stell -
entweder stehst du gleich im Stau,
ja oder es fährt deine Frau.
Du kaufst dir also noch ein zweites -
doch damit bleibt es für dich auch schwer -
du hast noch eine große Tochteer.

Dann klaut dir wer die Frühstücksbemm –
und auch im Lotto keine richt'ge Zahl!
Du darfst das nicht persönlich nemm,
du bist dem Schicksal scheißegal.

Du hast dein Leben brav gelebt,
hast nie auf Rosenlaub geschwebt,
du warst stets ehrlich, niemands Feind,
die Nachwelt keine Träne weint.
Dann stehst du nun vorm Himmelstürchen,
der Petrus rückt dir auf die Pelle -
schickt dich als Dämlack in die Hölle.

Dann klaut dir wer die Frühstücksbemm –
und auch im Lotto keine richt'ge Zahl!
Du darfst das nicht persönlich nemm,
du bist dem Schicksal scheißegal.

Du weisst es selber ganz genau -
jeder ist als Mensch auch Sau!

Ende